Darius Reinehr

Meine Aufsätze

Band II

Sind Raum und Zeit unbegrenzt und unendlich?

Logische Hypothesen

3 Seiten

Ist die Reinkarnation mathematisch beweisbar?

Formel und Kalkulationen

+ Klimaschutzkodex

17 Seiten

Glück
Ein weiterer Ratgeber

15 Seiten

Bibliografische Information der Deutschen Nationalbibliothek:
Die Deutsche Nationalbibliothek verzeichnet diese Publikation in der Deutschen National-
bibliografie; detaillierte bibliografische Daten sind im Internet über dnb.dnb.de abrufbar.

Herstellung und Verlag: BoD – Books on Demand, Norderstedt

ISBN: 978 3 7543 0398 6

Sind Raum und Zeit unbegrenzt und unendlich?

Logische Hypothesen

Darius Reinehr, März 2021

Sind Raum und Zeit unbegrenzt und unendlich?

Kosmologischen Theorien zufolge haben vor dem Urknall unzählige weitere stattgefunden. Das Universum wechselt nach dem Erreichen seiner maximalen Ausdehnung in den umgekehrten Prozeß über, zieht sich auf einen minimalen Punkt mit maximaler Dichte zusammen und kollabiert. Das Urknall genannte Ereignis findet statt und führt zur erneuten Ausdehnung. Der bestehenden Lehrmeinung zufolge sind Raum und Zeit sowie die Materie mit dem Urknall vor 13,8 Milliarden Jahren entstanden. Um zu erklären, welcher Zustand vorher bestanden hatte, wurden manche Theorien aufgestellt. Plausibel ist die Theorie vom Vakuum mit seinen Quantenfluktuationen als Vorbedingung zur Entstehung von Materie. Daß vorher nichts gewesen war, kann dagegen nicht zutreffend sein. Wäre nichts vor dem Urknall gewesen, hätte dieser nicht stattfinden können; es wäre nur nichts. Dazu ein kleiner Reim von mir:

Nichts kann´s nicht geben, nirgendwo, nirgendwann,
sonst gäb´s kein Leben, irgendwo, irgendwann.

Für plausibel halte ich, daß der Urknall ein periodisches Ereignis ist – der Übergang eines alten Universums in ein neues – immer wieder.

Dies paßt zu der Hypothese: **Die Zeit hat weder Anfang noch Ende.**

Ein logischer Beweis für die Unendlichkeit der Zeit ist in der Mathematik der Zahlenstrahl. Den Zahlen ist in beiden Richtungen kein Ende gesetzt.

Von der Unendlichkeit der Zeit auf die Unbegrenztheit des Raumes zu schließen, halte ich für folgerichtig. Außerdem würde sich, nähme man die Begrenzung des Raumes an, die Frage stellen, was außerhalb davon ist. Meine Annahme ist:

Ist die Zeit unendlich, kann der Raum nicht begrenzt sein. Im Umkehrschluß:
Ist der Raum unbegrenzt, kann die Zeit nicht endlich sein.

Die Grenzenlosigkeit des Raumes und die Endlosigkeit der Zeit bedingen einander.

Zahlenstrahl synonym Zeitstrahl:

… –10 –9 –8 –7 –6 –5 –4 –3 –2 –1 **0** +1 +2 +3 +4 +5 +6 +7 +8 +9 +10 …

Dazu passend finde ich mein Modell vom

Teilestrahl synonym Raumstrahl:

Im beobachtbaren Weltraum ist jedes System Teil eines größeren Systems oder wird irgendwann dazu. Galaxien wie unsere Milchstraße sind Teile von Lokalen Gruppen, diese sind Teile von Galaxienhaufen oder bewegen sich auf solche zu. Auch Galaxienhaufen bewegen sich aufeinander zu und ergeben zusammen noch größere Gebilde wie die Große Mauer. Wahrscheinlich ist dies nicht die letzte Größenkategorie bis zu den Grenzen des Universums. Einer plausiblen Hypothese zufolge ist auch das Universum nur eines von vielen, die zusammen in einem Multiversum enthalten sind. Demnach halte ich es für folgerichtig, daß auch ein Multiversum mit vielen weiteren Teil eines größeren Systems ist – ich nenne es jetzt mal `Superversum´ – das mit vielen weiteren ein `Megaversum´ bildet, und so immer ein noch größeres System besteht. Meine Annahme ist:

Jedes System ist Teil eines größeren Systems oder wird irgendwann dazu.

Der Urknall ist ein Ereignis, das nur für unser Universum nachgewiesen wurde. Allerdings müssen sich zwischen den Universen, wie der intergalaktische Raum zwischen den Galaxien, Leerräume befinden – `interuniversärer Raum´ wäre eine passende Bezeichnung, finde ich. Bei solchen Abständen zueinander halte ich es für vorstellbar, daß jedes Universum des Multiversums seinen eigenen Urknall vollführt, ohne die Nachbaruniversen damit zu stören. Vielleicht besteht auch eine Synchronizität.

Da jedes bekannte System Teil eines größeren Systems ist, führt sich dies sicher auch dort weiter fort, wo die technischen Möglichkeiten der Beobachtung und der Meßbarkeit an ihre Grenzen gelangen, denke ich, und so auch im Kleinen. Meine Annahme ist:

Hat die Größe des Raumes keine Grenze, hat auch dessen Kleinheit keine.

In der Antike galt das damals noch hypothetisch angenommene Atom als kleinstes Teilchen – atomos = unteilbar. Im 20. Jahrhundert wurden die Atome dann nachgewiesen und ihre Bestandteile, die Protonen und Neutronen, die den Atomkern bilden, und die Elektronen in der Atomhülle. Später wurden noch kleinere Teilchen entdeckt, aus denen die Bestandteile des Atoms zusammengesetzt sind, die Quarks. Auch hier scheint es folgerichtig, daß jedes Teilchen aus noch kleineren Teilchen besteht. Meine Überlegung dazu ist folgende:

Nehmen wir einen Punkt an von beliebiger Größe; dieser Punkt ist theoretisch teilbar – der vereinfachten Vorstellung wegen, halbierbar. Aus dem halbierten Punkt entstehen zwei halbe. Jeder davon ist für sich wieder halbierbar, und so setzt sich das unbegrenzt fort. Wie sollte irgendwann ein solches durch Halbierung entstandenes Neues nicht mehr halbierbar sein? Was durch Teilung entsteht, muß theoretisch erneut teilbar sein. Demzufolge ist die Kleinheit des Raumes nicht begrenzt.

Mein freilich nicht neues Gesamt-Fazit: **Raum und Zeit sind grenzenlos und endlos.**

Warum das so sein mag und dies wahrscheinlich die Antwort auf die beiden verstandesmäßig zweifellos äußersten Fragen zu unserer materiellen Welt ist, läßt sich wohl nur verstehen mit ähnlichen Überlegungsanstrengungen zu anderen Dimensionen, die auch noch Raum und Zeit betreffen mögen, und insbesondere zu weiteren Sphären jenseits von Raum und Zeit, obgleich sich diese metaphysischen Parameter trefflicher philosophisch thematisieren lassen.

Ist die Reinkarnation mathematisch beweisbar?

Formel und Kalkulationen

+ Klimaschutzkodex

Darius Reinehr, Dezember 2020

Projekt zur mentalen Transformation
für den dringend zu optimierenden
globalen wie regionalen Naturschutz

Inhaltsverzeichnis

Anlass und Zweck des Projektes

Hoffnungsvoll ist der besondere Einsatz vieler, die Klimakrise abzuwenden oder abzumildern. Engagierte prominente Menschen, viele aus der Wissenschaft, erreichen mit ambitionierten Büchern und TV-Beiträgen Millionen von Menschen, die dadurch Bestätigung und Anregung erfahren, denn die meisten von ihnen leben bereits nachhaltig oder sind empfänglich dafür. Aber die Mehrheit der Bevölkerung, auf die das nicht zutrifft, läßt sich davon nicht erreichen, verschließt sich sogar den wichtigen Informationen über die Mißstände und deren möglicher Abhilfe. Und diese ist marktentscheidend durch ihr nicht nachhaltiges Konsumverhalten. Zwar entscheiden sich zunehmend mehr Menschen für eine nachhaltige Lebensweise, die teils trotz geringer finanzieller Mittel dazu bereit sind, Alternativen zum Billigkonsum zu wählen, und finden Umweltschutzbewegungen gerade bei Jüngeren Zuspruch und Zulauf, so ist die Anzahl dieser Menschen noch gering im Verhältnis zu den meisten anderen, die nach wie vor konventionell, billig und viel, nicht nachhaltig, nicht fair konsumieren, nutzen und reisen. Daß diese von selbst zur Vernunft kommen, ist eine Illusion, und auch wenn nicht, bleibt kaum noch Zeit, darauf zu warten.

Es wäre an der Regierung, die Nachhaltigkeit der Lebens- und Wirtschaftsbereiche per Gesetz konsequent zu erhöhen, aber das findet nicht oder nur schleppend statt. Es ist kein rühmliches Zeugnis für die Bundesregierung, wegen der Nichteinhaltung der Nachhaltigkeitsziele vom Bundesrechnungshof gerügt und vom Bundesverfassungsgericht dazu angehalten zu werden. Die Fixierung auf die oder zutreffender, durch die profitgetriebene Wirtschaft ist zu stark.

Auch wenn jetzt Discounter guten Eindruck zu machen versuchen mit Eigenmaßnahmen zu mehr Tierwohl, aber die Tierqualvarianten trotzdem fortbestehen lassen.

Sind Religionen hilfreich? Eher kaum, auch wenn Franziskus mit seiner Grünen Enzyklika, die er als erster Papst an alle Menschen guten Willens richtete, eindringlich und fundiert zu mehr Naturschutz aufgerufen hat. Die Mehrheit der Christenheit konsumiert konventionell, nicht nachhaltig und beim muslimischen Teil der Gesellschaft fast dessen Gesamtheit.

Ist wissenschaftlicher Journalismus hilfreich? Auch dieser erreicht meist nur diejenigen, die schon nachhaltig leben, hat also eher bestätigende, allenfalls anregende Wirkung.

Wie ist die Mehrheit der Bevölkerung zu einer eigenverantwortlichen nachhaltigen Lebensweise zu bewegen, wenn nicht von der Regierung, der Wirtschaft, den Religionen oder durch ambitionierte wissenschaftliche wie populärwissenschaftliche mediale Informationsbeiträge?

Vielleicht aber ist es nicht nötig, die Menschen zu bewegen?

Es gibt viele Modelle, teils in der Testphase, die Folgen der Mißstände zu kompensieren. Demnach ließe sich das Problem der zunehmenden Weltbevölkerung lösen, indem vieles ins Vertikale verlegt würde – ausschließliches Wohnen in Wohnhochhäusern, außenbepflanzt zur Luftfilterung, Nutztierhaltung in Stallhochhäusern, auf den Dächern Ackerbau, die Einkaufszentren unterirdisch. Ein erstrebenswertes Zukunftsszenario ist das nicht.

Auch die Automobilindustrie auf Elektro umzustellen, ist nicht die Lösung, da die Fahrzeugherstellung umweltschädlich bleibt, der Feinstaub durch Reifenabrieb unabhängig von der Motorenenergiequelle entsteht und das Autobahnnetz in seiner irrationalen Ausdehnung tierfeindlich ist. Notwendig wäre eine massive Reduzierung der Produktion, auch wenn das eine Konsequenz wäre und keine Lösung.

Die meisten Lösungsansätze zielen nur auf die Symptome der Mißstände ab, nicht auf deren Ursache. Und diese liegt in der Gesinnung der Menschen, zumindest der Mehrheit von ihnen.

Wie also läßt sich die Gesinnung der Menschen beeinflussen zu nachhaltiger Lebensweise?

Die Antwort ist: **Durch ein neues Weltbild.**

Die Klimakrise ist die massivste Bedrohung für die Menschheit aller Zeiten; sie ist epochal und könnte sogar final werden. Nur noch durch etwas, das genauso epochal ist, kann darauf wirksam reagiert werden. Ein epochales Weltbild, das weder ideologisch noch religiös ist und alle Menschen erreicht und machtvoll ihre Gesinnung anhebt, also die wahre Ursache behebt.

Zum Vergleich:
Die bereits im Hellenismus geklärte wissenschaftliche Frage nach der Form der Erde wurde in der Spätantike durch das von der Frohen Botschaft Jesu damals schon extrem abgewichene Christentum religiös widerlegt mit etwa folgender Argumentation:
Die Erde kann keine Kugel sein, weil die Menschen, die an den Seiten leben, herunterrutschen und die, die an der Unterseite leben, herabfallen würden. Die Erde ist flach – der Boden einer Truhe, das Firmament ist der Deckel, und wenn der sich öffnet, dann kommt Jesus.
Diese `Glaubenserkenntnis´ konnte erst abgeschafft werden durch ein neues eigentlich altes Weltbild, als dieses durch die ersten Weltumseglungen bestätigt wurde.

Dabei hatte schon der ptolemäische Universalgelehrte Eratosthenes den Erdumfang durch Vergleiche des Schattenwurfes bei Sonnenhöchststand an verschiedenen Orten fast exakt berechnet und damit die Kugelförmigkeit der Erde mathematisch bewiesen.

Die Frage nach der Form der Erde ist also keine religiöse, und die Frage, ob Reinkarnation real ist, die bereits in der griechischen Antike von den bedeutendsten Philosophen bejaht wurde, sollte es genausowenig bleiben, denn auch sie ist mathematisch beweisbar durch die Methode der Modallogik und durch spezielle Kalkulationen.

Spätestens dann, wenn im Boule´vard-Bereich der Medien umgeht: Reinkarnation ist wahr, es gibt keinen Zweifel mehr, werden vielleicht auch diejenigen eher nachdenklich, die gerade ihr Steak aus Massentierhaltung auf dem High-Tech-Grill wenden, und hoffentlich zu dem Schluß kommen, daß, wenn sie der Erde schaden, sie sich selbst ihre zukünftigen Lebensbedingungen, die sie bei ihrer Reinkarnation vorfinden werden, mit ruinieren. Die Panik, die sie packt, wenn es nicht mehr `nur´ um von ihnen für abstrakt gehaltene Folgegenerationen und weit entfernt lebende Eisbären geht, sondern um ihre eigene Existenz, kann sich als höchst wirksam erweisen, um sie zu einer nachhaltigen Lebensweise zu bewegen.

Vorwortergänzung
Juli 2021

Vorwort 1

Meine Idee ist, ein ethisch fundiertes, logikbasiertes Vorstellungsmodell der Reinkarnation als Wissen zu etablieren. Etwaige Bedenken mögen sein, daß dies weltfremd-fantasierend oder religiös-eifernd sei. Weder noch, versichere ich. Meine Ausführungen sind geistes- und naturwissenschaftlich. Zweck ist, ein eigenverantwortlich-naturverträgliches gesellschaftsmehrheitliches Bewußtsein herbeizuführen. Ich befürworte umweltfreundliche Innovationen und Konzepte; allerdings ist dies Symptomlinderung. Krisenursache ist die Gesinnung der Menschen. Durch ein wissenschaftlich und gesellschaftlich anerkanntes vernünftiges Reinkarnationsvorstellungsmodell würden die Menschen freiwillig umweltverträglicher leben, schon aus dem egoistischen Kalkül, im nächsten Leben nicht in einer mitverschuldeten Klimahölle zu landen. Verantwortungsbewußtsein für die Natur und für folgende Generationen wäre die bessere Motivation. Allerdings ist Nachhaltigkeit aus Kalkül besser als keine. Und Verantwortungsbewußtsein entsteht dann allmählich vielleicht auch so.

„Gibt es ein Leben nach dem Tod?" ist zweifelsfrei die wichtigste tabuisierte Frage im westlichen Kulturkreis. Deren Beantwortung wurde bisher der Religion überlassen und als Glaubensangelegenheit eingestuft; eine wissenschaftlich fundierte wahre Beantwortung sei nicht möglich, ist die mehrheitliche Meinung. Eine der nachteiligen Folgen ist, daß viele Menschen Angst vor dem Tod haben und deshalb Gedanken zu diesem Thema verdrängen. Sogar DIE ZEIT stellt in ihrer wöchentlichen Interview-Rubrik `Der politische Fragebogen´ die stets gleiche vorletzte Frage: „Wovor haben Sie am meisten Angst, außer dem Tod?" – Ein Ärgernis, dieser Fragezusatz. Als ob es natürlich oder selbstverständlich sei, den Tod fürchten zu müssen. Was wird denn da der Leserschaft suggeriert?

Es ist nun an der Zeit, die Frage wissenschaftlich zu beantworten. Dazu habe ich eine Formel und zwei Kalkulationen erstellt, die erforderlichenfalls von einem geeigneten Universitätscomputer auf Logik überprüft werden können, um das richtige Ergebnis zu bestätigen, so wie schon die bestätigte ähnliche Formel mit dem Gottesbeweis des Mathematikers Kurt Gödel. Dann gibt es kein Wenn und Aber mehr. Dann ist es Aufgabe von engagierten Menschen aus Wissenschaft, Journalismus und Prominenz, das Ergebnis der Öffentlichkeit zu präsentieren. Für eine bessere Welt soll die Reinkarnation als wahre Gesetzmäßigkeit bestätigt werden, um die vielleicht wichtigste mentale Transformation für den Klimaschutz einzuleiten. Alle, die dabei mithelfen wollen, sind herzlich dazu eingeladen oder besser, dringend darum gebeten.

Vorwort 2

Dies ist ein Aufruf, die Reinkarnation mit ihrer auf ethischen und logischen Prinzipien basierenden Systematik vom bloßen Glauben zu lösen und als gesichertes Wissen zu etablieren.

Wie ich im weiteren ausführe, ist die Reinkarnation schon durch reine Logik bewiesen. Auch Naturwissenschaften wie die Astrophysik beinhalten als Wissen anerkannte Theoreme, deren Grundlage Schlußfolgerungen sind – die Folgerichtigkeit des Denkens, also Logik.

Seit Jahrtausenden bestanden und bestehen in vielen Kulturen weltweit Reinkarnationsvorstellungen. Viele davon sind unterschiedlich bis konträr zueinander. Es sind solche dabei, die mit Ethik nicht vereinbar sind. Ein Beispiel ist Indien, in dessen Bevölkerung durch die irrationale Auslegung von Reinkarnationsprinzipien, wie das Kastenwesen, Disharmonie und Resignation mit beherrschend sind. Natürlich gibt es auch die buddhistische Muster-Nation Bhutan, in der Glück und Naturschutz oberste Prioritäten haben.

Klimaschutz, Naturschutz und Artenschutz, was im Prinzip dasselbe ist, sowie Verantwortungsbewußtsein für folgende Generationen sind der Zweck dieses Aufrufs, ein ethisch fundiertes und logikbasiertes Vorstellungsmodell der Reinkarnation als Wissen zu etablieren.

Dazu habe ich eine Formel und zwei Kalkulationen erstellt, mit denen die Realität der Reinkarnation mathematisch bewiesen ist, wie ich annehme. Zudem habe ich ein Lehr-System aus ethischen und logischen Reinkarnationsprinzipien aufgestellt, das großenteils auf eigenen Überlegungen basiert. Der von mir konzipierte Klimaschutzkodex ist allgemein gehalten.

RENOM´MEE

REINKARNATION IST WAHR!

Hobby-Wissenschaftler präsentiert logische Beweise auf mathematischer Grundlage. Hochleistungsrechner bestätigt seine Formel und Kalkulationen als richtig. Ungewöhnlich ist, er hat keinen akademischen Abschluß. Und seine Ergebnisse sind logisch nicht widerlegbar. Viele Wissenschaftlerinnen und Wissenschaftler halten seine Ausführungen für plausibel.

Die vielleicht wichtigste Frage der Menschheit ist beantwortet. Es ist von solcher Bedeutung wie die Erkenntnis, daß die Erde kugelförmig ist und sich um die Sonne dreht. Eine neue Epoche ist eingeleitet. Was bedeutet das nun für uns? Das Erfreuliche: Es gibt keinen Grund mehr zur Angst vor dem Tod. Das vielleicht nicht ganz Angenehme: Wir kommen auf die Erde zurück, wie wir sie hinterlassen haben. Da kann einem das Schnitzel im Halse stecken bleiben, denn es geht jetzt nicht mehr `nur noch´ darum, wie wir die Erde unseren Nachkommen hinterlassen, sondern auch...uns selbst.

Vielleicht ist die wissenschaftlich bestätigte Wahrheit der Reinkarnation das wichtigste mentale Mittel für den globalen Klimaschutz.

Mehr zum Thema in Politik, Wissenschaft, Feuilleton und im Sonderteil Philosophie: `Die berühmtesten Philosophen, Dichter und Denker, von Pythagoras bis Goethe haben die Reinkarnation für wahr gehalten.´

BOULE´VARD

FUCK! ES IST WAHR! WIR REINKARNIEREN!

Jetzt sind wir die Gelackmeierten. Das ist definitiv die Arschkarte. Hobby-Wissenschaftler beweist die Reinkarnation mathematisch. Krass ist, der Typ war noch nicht mal an der Uni. Supercomputer bestätigt seine Formel und Kalkulationen. Es gibt keinen Zweifel mehr. Die Forscher sind happy, die Kirchenvertreter geschockt.

Eine megamäßige Frage der Menschheit ist beantwortet. Nach den Knaller-Meldungen: Die Erde ist keine Scheibe, sondern eine Kugel und steht nicht im Zentrum, sondern dreht sich um die Sonne, nun die nächste Sensation: Reinkarnation ist wahr! Ein neues Zeitalter hat angefangen. Aber was bedeutet das für uns?

Das Geile: Wir brauchen keine Angst mehr vor dem Tod zu haben. Das Uncoole: Wir kommen auf die Erde zurück, wie wir sie hinterlassen haben. Damned! Viele denken nun vielleicht: „Verdammt, jetzt muss man das Klima schützen, um nicht in der selbst angerührten Kacke zu landen. Das mit den Folge-Generationen war ja eher so abstrakt und die Eisbären weit weg, aber jetzt geht´s um die eigene Haut." Wer hat schon Lust, wiedergeboren zu werden, um dann feststellen zu müssen: „Verdammt, das ist ja so fucking damned hier auf der Erde! Warum haben diese Penner früher nicht mehr dagegen unternommen? Ups...ich war vermutlich selbst einer von denen." Klar, man kann das jetzt auch einfach ignorieren, nur ist das Risiko, dass es wahr ist, bei weitem zu hoch. Also, kneifen wir uns besser hinten rein und machen mit beim Klimaschutz!

Mathematischer Beweis
der ewigen Existenz der Seele und der Reinkarnation

Ich habe eine Formel erstellt, die 1. die Existenz der Seele, 2. die ewige Existenz der Seele und 3. die Reinkarnation der Seele beweist. Diese Formel habe ich in der Sprache der Modallogik verfaßt.

Inspiriert dazu hat mich der als ebensolche Formel verfaßte Gottesbeweis des legendären österreichischen Mathematikers Kurt Gödel.

Der zur Zeit des Dritten Reiches aus Wien in die Universitätsstadt Princeton in den USA geflüchtete Gödel war ein Freund Albert Einsteins und hat in Wissenschaftskreisen einen ähnlichen Status wie dieser.

Seine Formel, die er 1941 aufgestellt und in den folgenden Jahrzehnten weiter ausgearbeitet hatte, hielt er bis kurz vor seinem Tode 1970 geheim, um nicht mißverstanden zu werden; denn sein Anliegen war nicht, die Existenz Gottes zu beweisen, sondern die Stärken und Schwächen der axiomatischen Methode aufzuzeigen, und dafür hatte er die vornehme Frage gewählt: Existiert Gott?

Der Computerwissenschaftler Christoph Benzmüller von der Freien Universität Berlin hat Gödels Formel von einem Computer überprüfen lassen, welcher deren Richtigkeit bestätigt hat. Gemeinsam mit seinem Wiener Kollegen Bruno Woltzenlogel-Paleo verkündete er das Resultat im wissenschaftlichen Bereich des Internet.

Am 9. September 2013 wurde auf SPIEGEL ONLINE darüber berichtet:
>Formel von Kurt Gödel – Mathematiker bestätigen Gottesbeweis...Die Existenz Gottes kann fortan als gesichertes logisches Theorem gelten.<
Etwa ein Jahr später folgten Berichte auf ZEIT ONLINE und Internetausgaben anderer Zeitungen.

Anmerkung zur Formel

In der Mathematik sind Formeln nicht nur mit Zahlen und Zeichen erstellbar, sondern auch ausschließlich mit Text.

Voraussetzung für die Richtigkeit einer solchen Formel sind die Axiome. Wenn als Axiom zum Beispiel >Wombats sind Nagetiere.< angegeben wäre, hätte das ein falsches Ergebnis der Formel zur Folge. Die Axiome müssen also richtig sein; um bei dem Beispiel zu bleiben >Wombats sind Beuteltiere.<

Die Theoreme sind auf den Axiomen und auf den bisherigen Theoremen in der Reihenfolge der Formel aufbauende Schlußfolgerungen durch Anwendung von Logik.

Die Definitionen dienen dem leichteren Verständnis und sind für das Ergebnis unerheblich.

Δ
Beweis
der ewigen
Existenz der Seele
und der Reinkarnation

Formel

I. Existenz der Seele

Axiom 1:   Der Mensch ist lebendig.
Axiom 2:   Lebendigkeit ist vergleichbar mit Energie.
Definition 1:   Der Mensch hat einen Körper; um diesen nutzen zu können, ist Energie erforderlich. Damit ist keine zugeführte Energie in Form von Licht, Luft, Wasser und Nahrung gemeint, die für den Erhalt des Körpers erforderlich ist, sondern im Menschen enthaltene Energie, weshalb er lebendig ist.
Axiom 3:   Energie ist unkörperlich.
Theorem 1:   Lebendigkeit ist unkörperlich.
Theorem 2:   Lebendigkeit ist Aktivität aus sich selbst.
Axiom 4:   Eine weitere Bezeichnung für Lebendigkeit ist Beseeltheit.
Definition 2:   Gleichzeitig ist die Seele ursächlich für die Lebendigkeit.
Theorem 3:   Die Seele existiert.

II. Ewige Existenz der Seele

Axiom 5:   Energieerhaltungsgesetz: Energie läßt sich weder erschaffen noch vernichten, sondern nur von einer Art in eine andere umwandeln.
Definition 3:   Energie besteht unendlich.
Theorem 4:   Die Seele existiert ewig.

III. Reinkarnation der Seele

Axiom 6:   Leben ist Entwicklung.
Definition 4:   Die Natur ist der Beweis.
Axiom 7:   Entwicklung ist aufwärtsgerichtet – verbesserungsbezogen.
Theorem 5:   Leben = Lebendigkeit = Energie = Seele = Entwicklung
                – daraus folgt: Entwicklung ist dauerhaft.
Theorem 6:   Die Entwicklung der Seele ist über den Tod des Körpers hinaus dauerhaft.
Axiom 8:   Talente sind dem Optimum der Entwicklung nahe oder gleich.
Theorem 7:   Kinder mit Talenten haben den dafür erforderlichen Entwicklungsprozeß im vorigen Leben vollzogen.
Theorem 8:   Die Seele reinkarniert.

∑ Kalkulation der Wahrscheinlichkeit
von Reinkarnation
am Beispiel Talente

<u>Frage:</u>	<u>Wieso haben manche Kinder Talente?</u>
<u>Antwort:</u>	Durch Optimierung der betreffenden Fähigkeiten im vorigen Leben.
These:	Kinder, die künstlerisch und/oder wissenschaftlich in höchstem Maße talentiert sind, können den dafür erforderlichen Entwicklungs- und Lernprozeß nur im vorigen Leben vollzogen haben.

<u>Gegenargument:</u>	Talente werden weitergegeben durch Genetik und Vererbung.
Widerlegung:	Großelternteile oder Elternteile müßten demnach Talente vererben. Dazu müßten sie diese aber selbst haben, was oft nicht der Fall ist.

<u>Gegenargument:</u>	Talente bilden sich aufgrund von außergewöhnlicher Gehirnfunktion.
Widerlegung:	Zwar ist es richtig, daß dies ein rasches Lernen impliziert, jedoch ist damit nicht begründet, daß Wissen bei talentierten Kindern bereits angelegt ist, beziehungsweise angelegt sein muß.

<u>Gegenargument:</u>	Talente entstehen durch Umwelteinflüsse.
Widerlegung:	Dies käme einer Mutation gleich, jedoch gab es schon zu früheren Zeiten ohne Umweltbeeinflussungen talentierte Kinder.

<u>Gegenargument:</u>	Gott erschafft die Menschen und vergibt die Talente.
Widerlegung:	Demnach wäre Gott willkürlich und ungerecht, wenn er manche Menschen bevorzugen und die meisten benachteiligen würde.

<u>Gegenargument:</u>	Alles geschieht zufällig.
Widerlegung:	Es gibt keinen wahllosen Zufall. Alles basiert auf Ursache und Wirkung. Dies ist sowohl physikalische als auch geistige Gesetzmäßigkeit.

Fazit:	Sämtliche Gegenargumente sind unlogisch. **Reinkarnation ist die einzig logische Begründung.**

∑ Kalkulation der Wahrscheinlichkeit von 6 Vorstellungsmodellen zur Existenz der Seele

Vorstellungsmodelle zur Existenz der Seele

1. Entstehung der Seele mit einmaligem Erdenleben und Vergängnis
2. Bisherige unendliche Existenz der Seele mit einmaligem Erdenleben und Vergängnis
3. Entstehung der Seele mit einmaligem Erdenleben und weiterer unendlicher Existenz
4. Ewige Existenz der Seele mit einmaligem Erdenleben
5. Ewige Existenz der Seele mit mehrmaligen Erdenleben
6. Ewige Existenz der Seele mit unendlichen Leben in verschiedenen Welten (speziell buddhistische Lehre) beziehungsweise Kreislauf, dessen Verlassen ins Nirwana führt

1.   > – <

2. ………………..– <

3.   > –……………......

4. ………………..–………………..

5. ……………–..–..–..– (…)……….

6. ..–..–..–..–..–..–..–..–..–..–..–..–..–..

Symbolik:
……….. = ewige Existenz der Seele
   –   = Erdenleben
   >   = Entstehung
   <   = Vergängnis

Wahrscheinlichkeitskalkulation

1. Das Leben entsteht aus dem Nichts, läuft ab und endet im Nichts.
   Unlogisch. Das Nichts ist, wenn es denn real ist, ein vollendeter Zustand, denn es kann keinen Entwicklungsprozeß durchlaufen, es gibt keine Steigerung von Nichts. Wie also sollte das Nichts als vollendeter Zustand etwas Unvollkommenes wie das Leben, wenn auch nur temporär, in sich enthalten können oder sich davon unterbrechen lassen?

2. Das Leben entsteht aus bisheriger unendlicher Existenz und endet dann im Nichts.
   Unlogisch. Existenz kann nicht unendlich in die Vergangenheit zurückreichen und dann zu einem zukünftigen Zeitpunkt enden. Unendlichkeit kann nur in beide Zeitrichtungen zugleich reichen, wie es mit dem Zahlenstrahl in der Mathematik logisch bewiesen ist.

12

3. Das Leben wird erschaffen und besteht nach einmaligem Erdendasein unendlich fort.

    Unlogisch. Die Seele als Energieform kann gemäß dem Energieerhaltungsgesetz weder erschaffen noch vernichtet werden. Folgerichtig ist nur die ewige Existenz in beiden Zeitrichtungen. Zum einmaligen Erdendasein: Erklärung unter 4.

4. Die Seele existiert ewig und zwischendurch einmal als Mensch auf der Erde.

    Unlogisch. Die Seele durchläuft einen komplexen Entwicklungsprozeß, für den ein einziges Erdenleben nicht annähernd ausreichend wäre. Die Entwicklung würde abgebrochen und wäre damit von vornherein sinnlos.

5. Die Seele existiert ewig und inkarniert mehrmals als Mensch auf der Erde.

    Logisch. Diese Erklärung beinhaltet sowohl die ewige Existenz der Seele als Energieform, als auch ihren Entwicklungsprozeß, für den mehrmalige Erdenleben erforderlich sind. Offengelassen ist der Zustand der Seele vor und nach sämtlichen irdischen Inkarnationen, und ob sich ein Enwicklungsprozeß in weiterer Form anschließt und ob dieser ewig weiter andauert oder ob die vollkommene Seele einen gleichen Zustand ewigen Seins erreicht, so wie vor den irdischen Inkarnationen, nur im Unterschied dazu auf höherem Niveau.

6. Die Seele existiert ewig und inkarniert unendlich oft in als real angenommenen Welten, ähnlich der Erde, und auf dieser. Nur wenn sie die Vollkommenheit erlangt, erreicht sie einen Zustand gleichbleibenden Seins jenseits der Welten.

    Logisch-fiktiv. Diese Erklärung erweitert die vorherige um die Hypothese, auch auf anderen Planeten im Universum, auf denen intelligentes Leben vorkommt, zu inkarnieren.

Reinkarnationsprinzipien, die ethisch und logisch sind

- Die Seele durchläuft Entwicklungsetappen, um sich in Gutartigkeit zu vervollkommnen.

- Weil die Seele immateriell ist, sind dazu Inkarnationen in der stofflichen Welt erforderlich.

- Für die Entwicklung sind das Erfahren beziehungsweise das Erkennen von Gegensätzen erforderlich, was in der stofflichen Welt vermittelbar ist. Erkenntnis ist dabei der sicherere Weg als Erfahrung.

- Die Erde fungiert quasi als Schuleinrichtung, mit der natürlich pfleglich umzugehen ist.

- Die Inkarnationen sind mit dem Schulsystem vergleichbar. Die nächste Inkarnation erfolgt dabei entweder als Versetzung in die nächsthöhere Klasse oder als Wiederholung der vorigen. Denn nur bei absolviertem Lernpensum ist ein Weiterkommen möglich.

Das Lernpensum besteht in:

- Aneignung der Tugenden bis zur Tugendhaftigkeit
  Die wichtigsten dabei sind: Wahrhaftigkeit, Treue, Gerechtigkeit, Tapferkeit, Besonnenheit und Maßhaltigkeit.

- Aufhebung der gesellschaftlich indoktrinierten geschlechterspezifischen Gegensätze in Wesen und Verhalten

- Ganzheitlichkeit und Erkenntnis durch Philosophie
  Das setzt kein Universitätsstudium voraus, sondern Begeisterung und Faszination, gemäß dem bescheidenen Wortsinn von Philosophie – Freund der Weisheit – anstatt Weisheit als `gepachtetem´ Expertentum.

Daß dafür ein einziges Leben als Mensch nicht annähernd ausreicht, erklärt sich von selbst.

Ein Beispiel:
Das Pensum für einen Menschen in einem Leben kann in der Aneignung einer Tugend bestehen. Erfüllt er es, kommt er weiter und eignet sich noch im selben oder im nächsten Leben eine neue Tugend an. Macht er jedoch keinerlei Anstalten zu lernen und verkennt oder ignoriert Zeichen oder Nachhilfeangebote, die er bekommt, bleibt er sitzen und wiederholt das Pensum so lange, bis es absolviert ist.

- Ein wichtiger Bestandteil dieser Systematik sind Zeichen, die es zu erkennen gilt. Sie sind Richtungshinweis, Hilfe oder Bestätigung.

- Die Geschlechterrollen können bei den Inkarnationen wechseln. Es ist auch möglich, mehrmals hintereinander in dem gleichen Geschlecht zu inkarnieren, je nachdem, wie es die zu lernenden Lebenslektionen erfordern. Das wahre Wesen der Seele ist androgyn. Sobald es der Seele gelungen ist, die illusorischen Geschlechtergegensätze in ihrem Wesen zu vereinen, ist es gleich, in welchem Geschlecht sie inkarniert. Dieses Ziel ist schon vor der Vollkommenheit erreichbar, also eine weitere Voraussetzung dafür.

- Eine Seele inkarniert meist, ob bevorzugt oder gedrängtermaßen, in ihrer vorigen Familie oder ihrem Beziehungsumfeld. Der Grund dafür ist Liebe beziehungsweise die Harmonisierung von bisher suboptimalem Verhältnis zueinander. Dabei ist es möglich, daß eine Seele nach dem leiblichen Tod als ihr eigenes Enkelkind, daß folglich erst darauf geboren wird, oder auch Urenkelkind inkarniert, oder daß aus einem Beziehungspaar ein Geschwisterpaar wird oder umgekehrt; viele Konstellationen sind möglich.

- Auf der Entwicklungsstufe, die eine Seele während einer Inkarnation erreicht, setzt sie in der nächsten an. Verbesserungen in den Wesenseigenschaften und Steigerung der Fähigkeiten bleiben erhalten. Alles, das die Seele dazugelernt hat, behält sie in den nächsten Leben bei. So sind Talente erklärt. Es sind perfektionierte Fähigkeiten aus dem oder den vorigen Leben. Grund dafür, daß der Mensch sich in der Regel nicht an sein voriges Leben erinnern kann, ist die Vermeidung von zu vielen Erinnerungen. Denn könnte der Mensch sich an sein voriges Leben erinnern, könnte er sich auch an sämtliche Leben zuvor erinnern. Das würde seine Konzentration auf das gegenwärtige Leben mindern oder beeinträchtigen, wenn er nicht schon einen höheren Reifegrad erlangt hat. Nur zwischen den Leben hat er die volle Bewußtheit. Natürlich ist es dem Menschen aufgrund von Hinweisen möglich zu ahnen, wer er im vorigen Leben war. Das ist allerdings eher selten.

- Zwischen den Inkarnationen gelangt die Seele auf jene metaphysische Schwingungsebene, zu der ihre Schwingungsfrequenz äquivalent ist. Vielleicht ist es für die Seele nicht zwingend, erneut zu inkarnieren, allerdings ist es ihr, einer vorstellbaren physikalischen Gesetzmäßigkeit der als wahrscheinlich anzunehmenden fünften Dimension zufolge, ohne die fortgesetzte Entwicklung und die Verfeinerung ihrer Schwingungsfrequenz nicht möglich, eine höhere feinere Schwingungsebene zu erreichen. Die Seele hätte demzufolge die Wahl zwischen Stagnation in einer anderen Sphäre, in die sie schwingungsmäßig paßt, und der Weiterentwicklung durch Anstrengung und Lernen in der stofflichen Dimension, um ihre Schwingung zu verfeinern und sich zu vervollkommnen.

Zusammenhang zwischen Reinkarnation und Verantwortungsbewußtsein für die Erde

Wer verstanden hat, daß die Seele als Mensch auf der Erde inkarniert, um sich weiterzuentwickeln, wird wohl kaum noch Entscheidungen treffen, die dieser Entwicklung konträr sind. Denn die Entwicklung ist auf die Vollkommenheit gerichtet, also auf die Verinnerlichung und Verwirklichung des Guten. Damit ist kein asketisches, keusches und freudloses Eremitentum gemeint – ohne dies herabwürdigen zu wollen, denn asketische Eremiten leben zumeist in Euphorie und Naturverträglichkeit. Nur ist dieses Lebensmodell für die Mehrheit der Bevölkerung nicht erstrebenswert. Und das ist verständlich. Günstigerweise ist es auch möglich, naturverträglich zu leben und sich positiv zu entwickeln mit einer Lebensführung, die Genuß und Vergnügung sowie Feierfreudigkeit nicht ausschließt. Es geht nicht um Entbehrung, sondern um Umgestaltung, von schädlichem zu nachhaltigem Konsum, von Naturentfremdung zu Naturfreude, von hohlen Interessen und bloßer Zerstreuung zu Werte- und Sinnhaftigkeit.

Gedanken und Zitate

Die Trennung von materiellem Leben und spirituellem Sein ist in Wahrheit eine Illusion, die, seit es die Menschheit gibt, ursächlich ist für jegliche Mißstände in der Welt.

„Wer
zu den Wolken
schaut, sich an deren
Schönheit kindlich erfreut
und sich zugleich des faszinierenden
natürlichen Kreislaufs bewußt ist >>Das
Wasser der Quellen fließt durch Bäche, Flüsse
und Ströme ins Meer, steigt von dort, von Seen und
Wäldern durch Verdunstung auf, wird wieder zu flüssigem
Wasser, das die Wolken über die Flora ergießen und die
natürlichen Speicher der Quellen erneut füllt.<<
ist der Erde willkommener Gast, seinen
Mitmenschen angenehmer Genosse
und seinen Mitgeschöpfen
wohlgesonnener
Hüter."

Darius Reinehr

Darum ist es unsere Aufgabe, darauf hinzuwirken, daß diese Illusion der Trennung ihr Ende findet und Platz macht für die Harmonie der Verbundenheit – von Erde und Mensch, Mensch und Mensch, Mensch und Mitgeschöpf, ob Tier oder Pflanze – von Geist und Materie.

„Befolget die Naturgesetze,
und eure Wohlfahrt ist begründet."

Paracelsus

„Was gut und wahr ist,
gilt für alle Menschen gleich."

Demokrit

Egal welche Personengruppe, ob politisch entscheidende, wirtschaftlich verantwortliche oder konsumierende, ob superreiche, reiche, wohlständige, arme oder extrem arme, ob religiös-fundamentalistische, religiös gemäßigte oder nihilistische – jedem Menschen ist klar, daß er ohne Sauerstoff und Wasser nicht leben kann. So wie dieses Grundverständnis soll jetzt ein **Kodex** global etabliert werden, der alle Menschen erreicht und von ihnen verstanden werden kann, zum Beispiel auch von solchen, die Agrargifte herstellen, einsetzen, dies legitimieren oder durch ihr Konsumverhalten billigen.

Der Inhalt sind **wahre Zusammenhänge**, die in ihrer Gültigkeit weder ideologisch noch religiös sind. Niemand wird benachteiligt, es ist jedoch auch keine Gleichmacherei.
Die Basis sind **Ethik und Logik**.
Die Form sind **Formel-Sätze und Sinnsprüche**.
Der Stil ist **knapp und klar verständlich**.
Der Umfang ist **so gering wie möglich**.

Ω KODEX zum Klimaschutz für die Weltgemeinschaft

Die Erde ist des Menschen Heimat.
Sie bietet ihm viel Schönes und ernährt ihn. Sie ist ihm wie eine gute Mutter.
Dafür sollte der Mensch dankbar sein und fürsorglich mit ihr umgehen.
Nun ist sie krank durch seine Fehler. Und alle sollen zu ihrer Genesung beitragen.
Dem Menschen kann es nur in einer intakten Natur dauerhaft wohlergehen.
Nur das, was naturverträglich ist, ist auch verträglich für des Menschen Wohl.

Deshalb:

Entscheide nur noch, was naturverträglich ist*, nutze deine politische Macht dafür!

Produziere nur noch, was naturverträglich ist*, verzichte dafür auf hohen Profit!

Konsumiere und nutze nur noch, was naturverträglich ist*, du findest keinen Mangel
dabei vor!
                    * oder von dem, was es nicht ist, nur das wirklich Erforderliche

Vermehre dich nicht unmäßig, denn die geeigneten Lebensräume sind auch für die
Tiere, Pflanzen und Gewässer reserviert, um *dir* Sauerstoff, sauberes Trinkwasser und
naturverträgliche Nahrung zu bieten!

Sei gut zu deinen Mitmenschen und Mitgeschöpfen – achte Tiere und Pflanzen,
beziehungsweise nutze diese respektvoll!

Sei dem Leben und dem Tode frohgemut eingestellt!

Sei gewiß, daß du die Konsequenzen deiner Lebensführung tragen wirst!
>Die Verantwortung fängt bei jedem einzelnen an, egal was die anderen machen.<

„Es gibt keine Passagiere auf dem Raumschiff Erde. Jeder gehört zur Besatzung.“

Marshall Mc Luhan

„Sei du selbst die Veränderung, die du dir wünschst für diese Welt!“

Mahatma Gandhi

Glück

Ein weiterer Ratgeber

Darius Reinehr, August 2020

Glück

Ein weiterer Ratgeber

Meine Erklärungen und Empfehlungen sind kein ausschließlich durch Bücher angeeignetes theoretisches Wissen eines weltfremden in einer Glücksblase lebenden Phantasten. Sie haben sich auch aus vielfältigen Lebenserfahrungen teils turbulenter Art und aus der Anwendung von Philosophie ergeben. Daraus resultierend habe ich ein System aufgestellt, in dem ich wesentliche Zusammenhänge herleite und eigene Schlußfolgerungen und Ideen vorstelle.

„Wer
zu den Wolken
schaut, sich an deren
Schönheit kindlich erfreut
und sich zugleich des faszinierenden
natürlichen Kreislaufs bewußt ist >>Das
Wasser der Quellen fließt durch Bäche, Flüsse
und Ströme ins Meer, steigt von dort, von Seen und
Wäldern durch Verdunstung auf, wird wieder zu flüssigem
Wasser, das die Wolken über die Flora ergießen und die
natürlichen Speicher der Quellen erneut füllt.<<
ist der Erde willkommener Gast, seinen
Mitmenschen angenehmer Genosse
und seinen Mitgeschöpfen
wohlgesonnener
Hüter.“

Darius Reinehr

Inhaltsverzeichnis

Glück ist Heil.

Heil ist in Heiligkeit, heiligen, heilig und in Heilung, heilen, heilsam beinhaltet. Auch im Lateinischen besteht der Zusammenhang – sanctus und sana.

Heilig ist dabei nicht als religiös zu verstehen. Die Natur ist heilig, und der Mensch, der sie achtet und den wahren Prinzipien gemäß lebt, heiligt die Natur und, da er ein Teil von ihr ist, sich selbst. Dies ist die Voraussetzung für Heilung.

Heilig ist heilsam.

Die Pflicht, glücklich zu sein

Das, worauf man seine Aufmerksamkeit richtet, verstärkt sich.
Dies ist eine spirituelle und zugleich physikalische Gesetzmäßigkeit – gilt also für den Geist und die Materie. Daraus folgt, daß es heilsam ist, seine Aufmerksamkeit auf das Gute, Schöne und Wahre zu richten. Dafür förderlich ist die Art von Philosophie, die sokratisch-platonische, stoische und pantheistische Elemente enthält, denn durch sie sind die Gesetzmäßigkeiten und Zusammenhänge verstehbar, auch in bezug auf das eigene Leben und das Weltgeschehen.

Liebe ist die höchste Kraft.
Liebe ist ganzheitlich, also naturbezogen, familiär, partnerschaftlich, freundschaftlich, mitmenschlich, natürlich zu sich selbst und auf kreative und nützliche Beschäftigungen und Interessen bezogen.

Das Gute und das Schöne sind die höchsten Prinzipien.
Das Gute zeigt sich im Verhalten durch Tugendhaftigkeit.
Das Schöne zeigt sich in der Natur und in der Kunst.
Die Begeisterung dafür enthält Freude und Dankbarkeit und steht in Resonanz mit Liebe.

Durch das Bestreben, diese Begeisterung – den Alltagswidrigkeiten und den Mißständen in der Welt zum Trotz – aufrechtzuerhalten und zu erhöhen, erzeugt man ein Resonanzfeld, beziehungsweise begibt man sich in ein bestehendes Resonanzfeld. Die Folge ist, daß sich allmählich Glückseligkeit einstellt. Und diese strahlen wir aus: auf die Erde, die uns beheimatet und soviel Schönes bietet – für sie ist unsere Glückseligkeit Energie, die sie aufnimmt. Auch strahlen wir Glückseligkeit auf die Menschen und Mitgeschöpfe in unserer Umgebung aus, und wir erschaffen unsere Realität.

Wir haben also die Pflicht, glücklich zu sein.

Um Glück zu empfangen, müssen wir Glück empfinden, also ausstrahlen. Natürlich empfangen wir auch Glück, ohne es vorher empfunden und ausgestrahlt zu haben, etwa weil wir uns innigst danach gesehnt haben, nur merken wir es dann nicht wirklich. Um also wirklich zu merken, daß wir Glück empfangen, müssen wir zuerst Glück empfinden.

„Wir lächeln nicht, weil wir glücklich sind, sondern wir sind glücklich, weil wir lächeln."

Nach Peale

„Dem Heiteren erscheint die Welt auch heiter."

Goethe

Resonanzprinzip

Das Resonanzprinzip – das spirituelle und zugleich physikalische Gesetz von Ursache und Wirkung – ist ein maßgebliches Regularium.
Gleiches zieht Gleiches an.
Das, worauf die stetige Aufmerksamkeit gerichtet ist, verstärkt sich.
Dies gilt sowohl auf positive als auch auf negative Weise.
Auf positive Weise ist es wundervoll.
Frohsinn zieht Erfreuliches an, das sich bei stetiger Aufmerksamkeit vermehrt.
Auf negative Weise scheint es unbarmherzig.
Trübsal zieht Gründe dafür an, trübselig zu bleiben.
Diesen Kreislauf zu beenden, ist schwierig, weil Frohsinn eine Empfindung ist, die nun durch Gedanken willentlich erzeugt werden muß, bis die Gewöhnung daran erfolgt ist. Auf welch vielfältige Weise dies gelingt, ist in den weiteren Kapiteln erklärt.

Beim Resonanzprinzip gibt es eine wichtige Ausnahme, die zur Hoffnung gereicht.
Wenn ein gut veranlagter Mensch, der sich willentlich entwickelt, in sorgenvoller, ängstlicher, ärgerlicher, trauriger oder deprimierter Stimmung ist, setzt Liebe als höchste Kraft im Kosmos das Resonanzprinzip außer Kraft. Ansonsten hätte ein solcher Mensch kaum eine Chance. Durch das Gute im Wesen, also die Liebe, wird die Wirkung auf ungewollte negative Gedanken und Empfindungen neutralisiert. Das sollte allerdings nicht als Freibrief interpretiert werden – die Anstrengung der verbesserungsbestrebten Arbeit an sich selbst soll unternommen und fortgesetzt werden.

Selbsteinschätzung

In einem Forschungsprojekt zur Wirkung der Psyche auf den Körper wurden mehrere Menschen, die als Putzkräfte arbeiten, gefragt, ob sie sich für sportlich halten. Keiner von ihnen trieb Sport, sie hielten sich für unsportlich und waren damit unzufrieden. Die folgende sportmedizinische Untersuchung ergab entsprechende negative Werte.

Darauf wurde ihnen erklärt, daß sie sich sehr wohl genügend bewegen und ihre Putztätigkeit mit einem umfangreichen Gymnastikprogramm vergleichbar ist. Die Putzkräfte waren freudig überrascht und fanden die Erklärungen glaubhaft. Später wurde die sportmedizinische Untersuchung wiederholt, und die Werte glichen denen von sportlich aktiven Menschen. Entscheidend war also ihre Selbsteinschätzung.

Es ist sogar so, daß jemand, der manchmal spazierengeht und sich für fit hält, bessere Werte haben kann, als jemand, der häufig joggt, aber meint, daß das zu wenig ist.

Die Selbsteinschätzung ist wichtiger als das Maß und die Art der Aktivität.

Auch der Placebo-Effekt und sein Gegenteil, der Nocebo-Effekt, ergeben sich aus der eigenen Einschätzung.

Bei einem bekannten Experiment wurde von mehreren Personen mit den gleichen Kniebeschwerden die eine Hälfe operiert und die andere Hälfte nur zum Schein. Anschließend waren alle beschwerdefrei, diejenigen, die nur glaubten, operiert worden zu sein, genauso wie diejenigen, die wirklich operiert wurden.

Auch die Mitmenschen messen uns unterbewußt an unserer Selbsteinschätzung.

Es ist sehr wichtig, sich selbst wertzuschätzen.

`Sanctify yourself´ ist der Titel eines Liedes der schottischen Band Simple Minds.
Wer sich selbst heiligt, kann viel mehr Gutes bewirken.

Alles ist metaphysisch miteinander verbunden. Auch Tiere und Pflanzen nehmen unterbewußt die Schwingungen der Lebewesen in ihrer Umgebung auf.

In dem Dokumentarfilm `Der mit dem Weißen Hai schwimmt´ spielt ein Meeresforscher mit freilebenden, als gefährlich geltenden Haien. Er taucht zu einem ausgewachsenen Weißen Hai und wird nicht attackiert. Das Weiße-Hai-Weibchen läßt sich sogar von ihm streicheln, auch an der Spitze seines Mauls, an der sich die empfindlichen Lorenzinischen Ampullen befinden – ein radarähnlicher Zusatzsinn der Haie. In Trance geraten, läßt sie sich auf den Kopf stellen. Als er losläßt, wird sie wieder wach und schwimmt ein Stück mit ihm, während er sich an ihrer Rückenflosse festhält. Der Forscher war auch in der Nähe von anderen Weißen Haien. Und er taucht zu einer Gruppe Tigerhaie, die als aggressiv gelten. Sie sind beim Fressen und reißen ihre Beute in Stücke (nur um sie besser fressen zu können), während er sich mitten unter ihnen aufhält und einen streichelt und in Trance versetzt.

Wie ihm eine erfahrene Forscherin eindringlich erklärt hat, dürfe er keine Angst haben. Die Raubfische spüren seinen emotionalen Zustand. Das erklärt, warum die Haie friedlich waren. Daß sie mit sich spielen ließen, erklärt sich auch durch seine Liebe zur Natur und sein Wohlwollen zu den Haien, die eine wichtige Funktion in der Natur haben.

Das Unterbewußtsein als Erfahrungsspeicher

Das Unterbewußtsein funktioniert wie die Festplatte eines Computers; positive und negative Erlebnisse und damit zusammenhängende Empfindungen sind darin gespeichert.

Schon geringste Anlässe im Alltag können die Erinnerung an ein Frusterlebnis auslösen, und schon öffnet der Speicher die komplette dazu passende Datei.

Der alte Frust, um bei diesem als harmlosem Beispiel zu bleiben – die Funktionsweise bei Traumata und Depressionen ist die gleiche – wird erneut empfunden. Diese Empfindung ist unangenehm bis schmerzhaft, und damit also stark. Das Unterbewußtsein agiert dabei neutral, es reagiert einfach nur auf starke Empfindungen, indem es sie abspeichert und aufrechterhält. Das heißt, die Frusterinnerung wird immer wieder aufgerufen, solange die dadurch ausgelöste Empfindung stark ist. Um dem Unterbewußtsein zu signalisieren, daß die Frusterinnerung unerwünscht ist, darf keine starke Empfindungsreaktion darauf erfolgen. Erst dann werden auch die Anlässe für die Frusterinnerung abnehmen. Die Frustdatei läßt sich zwar nicht löschen, wohl aber als unbedeutend in den Tiefen der Festplatte versenken. Wenn nun doch wieder einmal ein Anlaß zur Erinnerung stattfindet, prallt es nur noch ab.

Es ist natürlich nicht leicht, auf die Frusterinnerung nicht mit starkem Empfinden zu reagieren – vielleicht sind es berechtigt gewesene Selbstvorwürfe. Dabei hilft die Erkenntnis, daß durch das emotionale Verharren in alten Fehlern, wenn auch in Reue, die Erinnerung daran stets aufs Neue aufgerufen wird und solche Fehler wieder passieren können. Es ist gewissermaßen eine Programmierung.

Es hilft nur, eine Neuprogrammierung vorzunehmen, also die Aufmerksamkeit auf Erfreuliches zu richten und sich Begeisterung für das Gute und Schöne anzugewöhnen. Liebe ist die höchste Kraft und als Begeisterung die stärkste Empfindung. Diese sich anzugewöhnen und zu steigern durch Erkenntnis, Motivation, Willen und Ausdauer, programmiert das Unterbewußtsein neu. So werden im Alltag vermehrt Anlässe, begeistert zu sein, stattfinden, sobald das Unterbewußtsein Glück als Wunsch registriert hat.

Glücksrolle

Glücklich zu sein, läßt sich üben und zur Gewohnheit werden lassen.

Auch wenn Trübsal als gewohnter Empfindungszustand vorherrscht, ist es möglich, sich daraus zu erheben. Einfach nur `so tun´ als sei man glücklich, indem man lächelt, hüpft, freundlich ist oder sich auf Schönes konzentriert, setzt Energie frei und gibt dem Unterbewußtsein eindeutige Signale. Es kann natürlich eine Weile dauern, bis sich ein erster Erfolg einstellt, also sich der Gemütszustand aufhellt. Aber es gibt ja nichts zu verlieren dabei – im Gegenteil, es läßt sich nur gewinnen. Denn das Unterbewußtsein wird sich auf den so angestrebten Gemütszustand einstellen, es kann gar nicht anders, das ist seine Funktion.

Alles was es dazu erfordert, sind Erkenntnis, Motivation, Willen und Ausdauer. Die Begeisterung kommt dann von selbst. Und wenn die Glückseligkeit einmal erreicht ist, wird sie zum Automatismus.

Kindliche Herzigkeit

Es ist glücksfördernd, sich die kindliche Herzigkeit von einst wieder anzugewöhnen oder bei mangelnder Erfahrung neu anzugewöhnen.

Dafür ist es ratsam, an mehreren Orten daheim herzige Stofftiere zu platzieren. Diese brauchen nicht etwa dauernd geknuddelt werden. Schon das bewußte Anschauen im Vorbeigehen löst Wärme im Inneren aus – Glücksempfinden. Auch Figuren – hier und da aufgestellt – haben einen solchen Effekt. Besonders Engel und Zauberwesen strahlen Anmut und Liebreiz aus. Auch Schlümpfe haben eine angenehme, aufmunternde Wirkung. Und Bilder, die an den Wänden hängen oder auf Möbeln und Gegenständen angebracht sind, haben eine ebensolche Wirkung – zum Beispiel Maus und Elefäntchen aus der Sendung mit der Maus oder Figuren aus der Sesamstraße, die sich auch thematisch passend anbringen lassen, zum Beispiel ein Bild vom Krümelmonster auf der Keksdose oder von Graf Zahl am Computerplatz.
   Glückspendend ist es auch, alte Bilderbücher und Comic-Hefte aus der Kindheit hervorzuholen oder sich neu zu beschaffen und zu lesen.

Das Unterbewußtsein wird so darauf konditioniert, daß es gar kein Interesse mehr daran hat, unangenehme Programmierungen aufrechtzuerhalten.
   Das Ganze ist nicht etwa kindisch. Es ist vielmehr kindlich.

Eine Schlüsselszene in dem Film `Hectors Reise oder die Suche nach dem Glück´ ist, wie der gerade in einem buddhistischen Kloster im Himalaya weilende englische Psychiater Hector vom schon etwas älteren Abt zum Tor gerufen wird, um mit ihm nach draußen zu gehen, weil gerade Wind aufgekommen ist, der die vielen an Leinen aufgehängten bunten Fähnchen lustig flattern läßt. Der Abt ruft: „Der Wind, der Wind!" und hüpft freudigst mit den Fähnchen. Der Psychiater schaut erst irritiert und läßt sich dann doch von der Begeisterung anstecken.

Auch der Dalai Lama hat diese kindliche Art und gilt als `Ozean der Weisheit´.

Jesus hat gesagt: „Ihr sollt wie die Kindlein werden, sonst könnt ihr nicht in den Himmel kommen." Es ließe sich noch anbemerken: „Grießgrämigkeit und Verdruß müssen draußen bleiben."

Die kindliche Begeisterungsfähigkeit für Gutes und Schönes und die damit einhergehende Herzigkeit und Verspieltheit entspringen direkt der Liebe als höchster Kraft im Kosmos.

Zauberwesen, die Wunder wirken, sind meist kindlich oder mit kindlichen Zügen dargestellt; auch wenn sie älter dargestellt sind, dringt die kindliche Fröhlichkeit durch – warum wohl?

Positives Denken

Positives Denken kann Risiken haben

Es gibt heutzutage sehr viele Ratgeberbücher, die Positives Denken zum Inhalt haben. Die meisten davon dürften durchaus hilfreich sein. Es besteht aber ein Risiko dabei.

Es werden Visualisierungen – innere Filme – empfohlen. Dabei sollen Wunsch und Ziel sich lebhaft vorgestellt werden. Auch Affirmationen – formelhafte Sprüche – werden empfohlen. Wenn damit jedoch keine innere Gewißheit verbunden ist, verpuffen sie. Dadurch können Frustration und Resignation noch mehr zunehmen als vorher. Betreffende meinen dann, wenn ihnen nicht mal Positives Denken zu helfen vermag, hilft gar nichts mehr.
Das Problem entsteht dadurch, wenn sich ein ratsuchender Mensch beispielsweise so wie empfohlen öfters oder regelmäßig Affirmationen aufsagt – egal ob gedanklich oder verbal – wie: „Ich kann das. Ich kann das. Ich kann das." oder „Ich bin es mir wert." oder „Ich nehme mich an, wie ich bin. Ich bin wundervoll", aber sein Unterbewußtsein dieses nicht akzeptiert, weil sein Verstand in jahrelanger Gewöhnung auf das Gegenteil eingestellt ist.

Wie Positives Denken funktioniert

Das Unterbewußtsein muß erst umprogrammiert und der Verstand neu eingestellt werden, damit Affirmationen und Visualisierungen akzeptiert werden, erst dann können sie wirksam werden. Und dazu ist die Erkenntnis der Zusammenhänge dringend erforderlich. Wenn das in Ratgebern vernachläßigt oder ausgelassen ist, sind sie nicht nützlich, sondern riskant.

Wenn ein Mensch einen Minderwertigkeitskomplex überwinden, sich eingedenk einer Schuld selbst verzeihen, sich von Fehlern lösen oder bestimmte Ziele erreichen will, kann ihm das nur gelingen durch Erkenntnis der Zusammenhänge.

Um den Minderwertigkeitskomplex zu überwinden, darf er sich nicht mit anderen vergleichen, muß er sich selbst wertschätzen. Wenn er zum Beispiel ein freundliches Wesen hat, ist das schon lobenswert, daran läßt sich fruchtbar ansetzen.

Um sich von Reue und Fehlern zu lösen, muß er verstehen, daß das emotionale Verharren darin gemäß dem Resonanzprinzip neue Anlässe dafür schafft. Er muß sich auf das Gelingen im Leben konzentrieren. Das funktioniert nur durch Freude, Dankbarkeit und Begeisterung. Und das Leben an sich – unabhängig von dem persönlich geführten – bietet ganz viele Gründe dazu. Die Naturphänomene sind immer da: Sonne und Mond, Sternenhimmel und Wolken, Wald, Berge und Meer. Wer sich daran nicht freut, ist von jeglichem Gelingen, mit sich selbst weiterzukommen, weit entfernt. Eine neue Grundausrichtung und Orientierung des Selbst ist unverzichtbar. Die Naturphänomene gereichen zur Dankbarkeit, denn ohne sie gäbe es kein Leben hier. Die Sonne etwas näher – zu heiß, etwas weiter – zu kalt. Der Mond nicht da – ständige Stürme mit 500 km/h, Jupiter nicht da – häufige Asteroideneinschläge wie beim Aussterben der Dinos. Und weil die Naturphänomene neben ihren lebensermöglichenden Funktionen auch schön sind, gereichen sie zur Begeisterung. Einfach anfangen, sich damit zu beschäftigen – in natura, Büchern und Dokumentarfilmen. Das bringt den Mensch weiter.

Um Ziele zu erreichen, ist es neben exakter Planung, Rückschlagsresistenz, Ausdauer, Willen und Phantasie förderlichst, in sich einen Empfindungszustand herzustellen, der von solcher Freude ist, als sei das Ziel bereits erreicht.

Achtung: Dabei kann der noch `normal´ eingestellte Verstand eine Bremswirkung haben, wenn er suggeriert, daß doch noch kein Grund zur Freude besteht, weil das Ziel noch nicht erreicht ist. Der Verstand suggeriert: „Ich freue mich doch nicht daran, was noch nicht verwirklicht oder erreicht ist."

Hier hilft nur kühle Logik weiter, indem gewisse Gesetzmäßigkeiten verstanden und verinnerlicht werden.

Eine davon ist: **Zukunft entsteht jetzt.**

Die nicht angezweifelte innere Vorstellung des zu erreichen angestrebten Zieles hat eine Resonanz. Das Empfinden der Freude, als sei das Ziel bereits erreicht, zieht alles dafür Erforderliche im Leben an: Menschen, Chancen, Inspirationen und Ideen.

   Ziele sollten gut oder zumindest neutral sein, ansonsten kann es, sollten sie trotzdem erreicht werden, massive Probleme zur Folge haben, weil das Gute und das Schöne die höchsten Prinzipien sind.

Dr. Joseph Murphy und Dr. Norman Vincent Peale gelten als moderne Pioniere des Positiven Denkens. Beide waren Theologen, Psychologen und Philosophen. Ihre Bücher sind grundlegende Werke, die auch mir halfen und helfen.

Euphorie und Inspiration durch hohe Ideale

Zu der liebevollen Annahme seiner selbst, der Begeisterung für Natur, Kunst und Wissen ist das Pflegen hoher Ideale ein weiterer Faktor mit Euphorisierungspotential.

Das Ideal muß gut und edel sein. Es kann eine Sage, ein historisches Kapitel, eine gegenwärtige Bewegung oder eine Fantasievorstellung oder Utopie sein. Es kann auch eine Kombination aus manchem oder allem davon sein.

Die Sage von König Artus und den Rittern der Tafelrunde ist ein passendes Beispiel.

„Der tugendhafte König Artus und der weise Zauberer Merlin pflegen zusammen mit edlen Rittern und holden Damen die höchsten Ideale in einem irdischen Garten Eden und verteidigen diese, wenn es erforderlich ist. Camelot, das Beste, das von Menschen erschaffen werden kann, bevor das himmlische Paradies erreichbar ist."

Sinngemäßes Zitat aus dem
Dokumentarfilm `Die Tafelrunde´

Wahre Begeisterung entsteht am besten, wenn der gewünschte Zustand – Tugendhaftigkeit – in Zusammenhang mit einem edlen Ideal gebracht wird, wie Camelot. Dieses wird durch die Beschäftigung damit in Film, Malerei, Literatur und Musik im Empfinden gepflegt und gefördert. Vom Verstand wird das Ideal akzeptiert durch Inbezugsetzung zur eigenen Realität. Dies kann leicht gelingen, weil die Heldinnen und Helden der Sage nicht vollkommen waren, sondern auch teils schwerwiegende Fehler machten, allerdings lernten sie daraus und entwickkelten sich weiter, auch wenn Artus den Tod fand und nach Avalon reiste.

Inzwischen besteht die Annahme in der Geschichtsforschung, daß der reale Artorius, ein römischer Kommandant in Britannien, mit seiner Truppe in der Endzeit des Römischen Reiches die einfallenden Horden der Angeln und Sachsen abwehrte und für einige Jahrzehnte stabile und gerechte Verhältnisse im Land herstellen konnte zum Wohle der Bevölkerung. Auch wenn diese Zeit ein Ende hatte, ist das Wichtige daran, daß sie überhaupt bestanden hat.

Wesentliche Elemente der Sage sind das Gute und Schöne. Sinn des Lebens ist es, am Guten und Schönen Anteil zu nehmen und Beitrag dazu zu leisten. Das ist der reale Bezug. Wir können uns also von dem Ideal inspirieren lassen.

Marcus Aurelius, Hildegard von Bingen, Barrack Obama, Greta Thunberg – es gab und gibt besondere Menschen, die hohe Ideale vorlebten und vorleben.

Glückseligkeit als Momente,
als Zeitspannen und als Dauerzustand

Glückseligkeit ist ein Bewußtseinszustand, der Geist, Körper und Seele erfüllt.

Es ist wichtig, im täglichen Leben bestimmte Rituale zu pflegen, um bewußt Momente der Glückseligkeit herzustellen.

Wirksam ist es, nach dem Aufstehen und Frischmachen ein Naturbild anzuschauen. Das kann ein Foto oder ein Gemälde sein, das Wald, Berge, Meer, einen Fluß, Bach, See oder eine Quelle als Motiv hat. Es kommt dabei auf die Idylle an. Sich zugleich vorzustellen, selbst in dieser Szenerie zu verweilen, zu wandern, zu schwimmen oder unter einem Wasserfall zu stehen, stellt den Moment der Glückseligkeit her. >Die wissenschaftliche Erklärung dafür ist, daß das Unterbewußtsein nicht unterscheidet zwischen realem und imaginärem Erleben.< Einige Minuten genügen. Eine innere Wärme sollte sich eingestellt haben. Diese verfliegt sogleich durch die normalen Alltagsbeschäftigungen, wenn eine Gewöhnung daran noch nicht erfolgt ist. Deshalb ist es förderlich, im gesamten Tagesverlauf gelegentlich solche Momente wahrzunehmen. Günstig ist es, wenn im Wohnbereich in jedem Raum schöne Bilder an der Wand hängen und Figuren und Ziergegenstände platziert sind, die eine glückspendende Wirkung haben. Förderlich ist es, während der alltäglichen Beschäftigungen gelegentlich die Aufmerksamkeit auf ein solches zu richten und sich bewußt daran zu erfreuen. Dies ist ein Gewöhnungsprozeß, und mit der Zeit gelingt es, in einem Moment der Aufmerksamkeit tiefe Freude zu verspüren.

Förderlich ist es, sich an schöne Erlebnisse zu erinnern und diese dabei als innere Filme laufen zu lassen.
Achtung: Die Freude kann sich in Wehmut wandeln, wenn der Verstand oder das Empfinden höher bewertet, daß das Erlebnis vorbei ist, als daß es stattgefunden hat.
Um dies zu vermeiden und nur Freude dabei zu empfinden, kommt es wieder darauf an, bestimmte Gesetzmäßigkeiten zu verstehen und zu verinnerlichen.
Die wichtigste dabei ist, daß ein gutes und schönes Erlebnis in der Ewigkeit erhalten bleibt. Hoffnung oder besser noch Gewißheit, daß es auch in der Zukunft wieder so oder ähnlich sein kann oder sogar, wenn geliebte Menschen nicht mehr da sind, über den Tod hinaus.
Wichtig dafür ist die Bewußtheit von der ewigen Existenz der Seele, Reinkarnationsprinzipien und höheren Sphären; auch um eine Art Aufbruchsstimmung in sich zu erzeugen, die natürlich optimalerweise auch auf das gegenwärtige Leben bezogen ist. Kinder, die eine Kindheit haben, wie sie sein sollte, haben diese Aufbruchsstimmung. Es ist die Faszination am angenehm Geheimnisvollen, die vage Erwartung, daß sich Wundervolles ereignen wird. Ähnliche Kraft hat die Vorfreude auf ein Fest. Auch darin sind solche Kinder noch rein.
Dies sich wieder oder neu anzugewöhnen, ist auch im hohen Erwachsenenalter möglich.

„Nur wer erwachsen wird und ein Kind bleibt, ist ein Mensch."

Erich Kästner

„Nur wer an Wunder glaubt, ist ein Realist."

Audrey Hepburn

Sinnvoll ist es, die Bewußtheit zu pflegen, in Frieden, Freiheit und Wohlstand zu leben – auch wenn berechtigte Kritik am Staat besteht wegen dem Verursachen und dem Zulassen vieler Mißstände – und gelegentlich bewußt die Lampe anzuschalten, den Wasserhahn aufzudrehen und die Heizung hochzudrehen und diesen Komfort wertzuschätzen. Wertzuschätzen sind auch die vielen elektronischen Geräte zur Unterhaltung und Information, zur Kommunikation und für den Haushalt – bei vernünftiger Verwendung wohlgemerkt. Der Wertschätzung würdig sind auch die Versorgung des täglichen Lebensbedarfs, die medizinische Versorgung sowie kostenlose oder günstige Bildungsmöglichkeiten und Freizeitangebote.

Wir leben in paradiesischen Verhältnissen und haben gerade deshalb die Verantwortung, uns mehr für Naturschutz, Tierschutz und Klimaschutz, was dasselbe ist, einzusetzen. Dafür gibt es viele Möglichkeiten, wie bewußtes Konsumverhalten, verwerfliche Produkte (sehr viele) nicht mehr zu kaufen, seinen Müll richtig zu trennen und sich darüber hinaus vielleicht in irgendeiner Form zu engagieren.

Wem der derzeitige Zustand der Erde egal ist oder wer sich herauszureden versucht mit Argumenten wie „Dafür ist die Politik zuständig und nicht ich." oder „Aber die anderen machen´s doch auch." oder „Ob ich als einzelner das so oder so mache, ändert doch eh´ nichts." KANN NICHT glücklich werden.

Es ist wichtigst, sich an der Natur zu erfreuen. Sie umgibt uns überall: Himmel, Wolken, Sonne, Mond und Sterne, Bäume, Blumen, kleine Tiere. Wer nicht von seinem Smartphone wie ferngesteuert durch die Gegend tumbt, bemerkt das auch.

Ratsam ist es, bei Empfinden von Ärger – auch wenn dieser berechtigt ist – durch Streit, Mißgeschick oder Nachrichten, rasch wieder einen Zustand der Freude herzustellen durch die Aufmerksamkeit auf Glückspendendes. Das ist wie die Einnahme von Medizin, denn wahre Freude ist gesundheitsfördernd. >Und das ist ein wissenschaftliches Faktum. Die positive Wirksamkeit der körpereigenen Glücksbotenstoffe ist anerkanntes medizinisches Wissen.<

Inspirativ glücksfördernd sind Filme, Musik und Bücher, die gut und schön sind.

Glücksmomente schaffen und mit zunehmender Gewöhnung deren Anzahl erhöhen, läßt Zeitspannen des Glücks entstehen, die irgendwann zur Folge haben, daß Glückseligkeit Dauerzustand ist.

Zusammenfassung

Um **glücklich** zu sein, bedarf es:

> **Erkenntnis** – Verständnis der Zusammenhänge

> **Motivation** – Welchen Sinn hat es, glücklich zu sein?

> **Willen** – Vertrauen, Ausdauer (Frustresistenz), Geduld

Es bestehen **gewisse Gesetzmäßigkeiten**.

Das Resonanzprinzip ist spirituell und physikalisch wirksam.
Gleiches zieht Gleiches an.

Freude zieht noch mehr Gründe an, freudig zu sein.
Trübsal jedoch zieht Gründe an, trübselig zu bleiben.

Das Unterbewußtsein als Erfahrungsspeicher hat die Funktion, den vorherrschenden Gemütszustand aufrechtzuerhalten.
Wenn dieser unangenehm ist, besteht die einzige Möglichkeit sich davon zu lösen darin, eine Neuprogrammierung vorzunehmen, bei der die Aufmerksamkeit auf Erfreuliches gerichtet wird. Dies braucht etwas Zeit, bis es zur Gewohnheit wird und bedarf des Durchhaltewillens.

Es gibt wirksame Methoden:

Naturbilder in der Wohnung an die Wände hängen und sich regelmäßig auf eines konzentrieren und `darin verweilen´.
Das Unterbewußtsein unterscheidet nicht zwischen imaginärem und realem Erleben.

Kindliche Herzigkeit sich wieder oder neu angewöhnen.

Naturverbundenheit fördern durch Freude an den Naturphänomenen und der Beschäftigung damit – Wald, Wasser, Wolken, Sternenhimmel.

Wohlstand wertschätzen.

Verantwortung für die eigene Lebensführung übernehmen – nachhaltiger Konsum.

Selbstwertschätzung – dazu bedarf es keiner vollbrachten Leistungen oder des Perfektionismus; ein freundliches Wesen und der Wunsch zur Weiterentwicklung sind schon eine ganze Menge, an die sich fruchtbar ansetzen läßt.

Edle Ideale pflegen – sie gereichen zur Inspiration.

Liebe ist die höchste Kraft.
Das Gute und das Schöne sind die höchsten Prinzipien.

Durch **Tugendhaftigkeit** – das Anstreben ist schon lobenswert – und durch die Beschäftigung mit der **Natur**, mit **Kunst, Wissen** und **Philosophie** Anteil am **Guten und Schönen** nehmen und optimalerweise Beitrag dazu leisten.
Freude und **Dankbarkeit** ergeben **Begeisterung.**
Und diese steht in Resonanz mit **Liebe**.

Glückseligkeit als Gemütszustand eröffnet ein Resonanzfeld, das positiv ist für die Erde, die Mitmenschen und die Mitgeschöpfe.
Deshalb besteht **die Pflicht, glücklich zu sein.**

Zukunft entsteht jetzt.
Die Freude empfinden, als sei das angestrebte gute Ziel bereits erreicht. Dadurch nähert sich das Ziel allmählich an.

Schöne Erinnerungen als innere Filme laufen lassen.

Vorfreude und Aufbruchsstimmung in sich herstellen.

Das Sein ist ewiglich.
Raum und Zeit sind unbegrenzt und unendlich.
Es gibt weitere Sphären.
Alles Gute und Schöne bleibt erhalten.